BEI GRIN MACHT SICH IHR WISSEN BEZAHLT

- Wir veröffentlichen Ihre Hausarbeit, Bachelor- und Masterarbeit

- Ihr eigenes eBook und Buch - weltweit in allen wichtigen Shops

- Verdienen Sie an jedem Verkauf

Jetzt bei www.GRIN.com hochladen und kostenlos publizieren

Cornelius M. P. Kiermasch

Tesla Motors. Eine Innovation von Martin Eberhard und Marc Tarpenning zum Durchbruch des Elektroautos?

GRIN Verlag

Bibliografische Information der Deutschen Nationalbibliothek:

Die Deutsche Bibliothek verzeichnet diese Publikation in der Deutschen Nationalbibliografie; detaillierte bibliografische Daten sind im Internet über http://dnb.d-nb.de/ abrufbar.

Dieses Werk sowie alle darin enthaltenen einzelnen Beiträge und Abbildungen sind urheberrechtlich geschützt. Jede Verwertung, die nicht ausdrücklich vom Urheberrechtsschutz zugelassen ist, bedarf der vorherigen Zustimmung des Verlages. Das gilt insbesondere für Vervielfältigungen, Bearbeitungen, Übersetzungen, Mikroverfilmungen, Auswertungen durch Datenbanken und für die Einspeicherung und Verarbeitung in elektronische Systeme. Alle Rechte, auch die des auszugsweisen Nachdrucks, der fotomechanischen Wiedergabe (einschließlich Mikrokopie) sowie der Auswertung durch Datenbanken oder ähnliche Einrichtungen, vorbehalten.

Impressum:

Copyright © 2010 GRIN Verlag GmbH
Druck und Bindung: Books on Demand GmbH, Norderstedt Germany
ISBN: 978-3-640-76942-1

Dieses Buch bei GRIN:

http://www.grin.com/de/e-book/161592/tesla-motors-eine-innovation-von-martin-eberhard-und-marc-tarpenning-zum

GRIN - Your knowledge has value

Der GRIN Verlag publiziert seit 1998 wissenschaftliche Arbeiten von Studenten, Hochschullehrern und anderen Akademikern als eBook und gedrucktes Buch. Die Verlagswebsite www.grin.com ist die ideale Plattform zur Veröffentlichung von Hausarbeiten, Abschlussarbeiten, wissenschaftlichen Aufsätzen, Dissertationen und Fachbüchern.

Besuchen Sie uns im Internet:

http://www.grin.com/

http://www.facebook.com/grincom

http://www.twitter.com/grin_com

Seminararbeit im Seminar
Umweltinnovationen und Entrepreneurship
Sommersemester 2010/2011

Tesla Motors –
Eine Innovation von Martin Eberhard und Marc Tarpenning zum Durchbruch des Elektroautos?

verfasst von

Cornelius M. P. Kiermasch

Abgabedatum: 08. Juli 2010

Inhaltsverzeichnis

Inhaltsverzeichnis V

Abbildungsverzeichnis VI

1 Einleitung 1

2 Beschreibung von Tesla Motors 2

3 Analyse der Gründer und der Umweltinnovation 5
    3.1 Wer sind/waren die Unternehmer von Tesla Motors? 5
    3.2 Welche Innovationen haben sie geschaffen bzw. befördert? Was ist neu? ... 6
    3.3 Welches sind die Auslöser und Treiber der Innovation (Einflussfaktoren)? ... 8
    3.4 Welche Rolle spielten die Unternehmer im Rahmen des Innovationsprozesses (Funktionen)? 10
    3.5 Was sind / waren ihre Motive, worin bestehen ihre besonderen Qualifikationen? 12
    3.6 Wer sind außer dem zentralen Unternehmen die Macher und Förderer der Innovation? 13
    3.7 Welche Barrieren und Widerstände sind/waren zu überwinden? 15
    3.8 Neu = erfolgreich? Hat sich die Neuerung durchgesetzt? Welche Wirkungen gehen von ihr aus? 18

4 Fazit: Was lernen wir aus dem Fallbeispiel für Unternehmertum und das Management von Umweltinnovationen? Beschreibung von Tesla Motors 20

Anlage - Anlage A VII

Literaturverzeichnis VIII

Abbildungsverzeichnis

Abbildung 1: Finanzdaten Tesla Motors (2007-2009) 4
Abbildung 2: Innovationsprozess 10
Abbildung 3: Förderer und Macher der Innovation 13
Abbildung 4: Übersicht über die Barrieren und Widerstände der Innovation 16

1 Einleitung

„Die Börse feiert das Elektroauto"[1], titelte das Handelsblatt auf dem Titelblatt, als das Unternehmen am 29.06.2010 erfolgreich an die Börse ging. Es ist gleichzeitig der erste Börsenstart einer amerikanischen Autofirma, seit Henry Ford II. im Jahr 1956 den Finanzmarkt betrat.[2] Tesla Motors hat es geschafft von einer Vision, die anfangs von Venture Capital Gesellschaften als Spinnerei bezeichnet wurde,[3] zu einem Elektroautohersteller zu werden, der einen Marktwert von bereits USD 1,5 Mrd.[4] hat und am Tag des Börsengangs zeitweise fast doppelt[5] so hoch lag. Der Hype um das Unternehmen an der Börse zeigt, dass der Finanzmarkt auf eine Zukunft ohne Öl setzt und bestätigt gleichzeitig den derzeitigen Trend für Elektroautos.

Die Gründer von Tesla Motors Martin Eberhard und Marc Tarpenning, die beide die Welt verbessern wollten, haben mit ihrem Produkt, dem Tesla Roadster, eine technische Umweltinnovation geschaffen, die wohl diesen Trend als Symbolcharakter erst in Gang gesetzt hat. Sie haben erkannt, wieso sich keine Alternative zum Verbrennungsmotor durchsetzen konnte. Sie haben mit dem Tesla Roadster gezeigt, dass ein Elektroauto zu keinerlei Einschränkungen im Fahrspaß, Optik und Fahreigenschaften führt und sexy sein kann. „Elektroautos wurden bisher von Leuten gemacht, die keine Autos mögen. Sie wollen, dass der Kunde sein Wesen ändert, und das ist ein Fehler. Wir müssen ihm ein Auto anbieten, das er haben will", äußerte sich der Gründer Eberhard.[6]

Nun soll im Rahmen dieser Ausarbeitung nach einer kurzen Unternehmensbeschreibung von Tesla Motors im 2. Kapitel, die Umweltinnovation und die Gründer anhand der nachstehenden Fragen im 3. Kapitel näher betrachtet werden und abschließend ein Fazit für das Unternehmertum und Management von Umweltinnovationen gezogen werden.

- Wer sind/waren die Unternehmer von Tesla Motors?
- Welche Innovationen haben sie geschaffen bzw. befördert? Was ist neu?
- Welches sind die Auslöser und Treiber der Innovation (Einflussfaktoren)?
- Welche Rolle spielten die Unternehmer im Rahmen des Innovationsprozesses?
- Was sind/waren ihre Motive, worin bestehen ihre besonderen Qualifikationen?

---

[1] Handelsblatt (2010): Artikel vom 30.06.2010, Ausgabe 123, S. 1.
[2] Vgl. Handelsblatt (2010): Artikel vom 30.06.2010, Ausgabe 123, S. 1.
[3] Die Zeit (2007): Artikel vom 22.03.2007, Ausgabe 13.
[4] gemessen am Ausgabepreis von USD 17,00. Vgl. Bloomberg (2010): Artikel vom 06.07.2010, Internetquelle.
[5] Der Tageshöchstkurs lag bei USD 30,42, Google Finance (2010): Tesla Motors Inc, Internetquelle.
[6] Vgl. Tesla Motors (2008): Präsentation vom 08.08.2008, S. 9.

- Wer sind außer den zentralen Unternehmern die Macher und Förderer der Innovation?
- Welche Barrieren und Widerstände sind/waren zu überwinden?
- Neu = erfolgreich? Hat sich die Neuerung durchgesetzt? Welche Wirkungen gehen von ihr aus?

2 Beschreibung von Tesla Motors

Tesla Motors, Inc. ist ein amerikanisches Unternehmen, das sich mit der Entwicklung, Produktion und Vermarktung von Elektroautos und Elektro-Antriebskomponenten beschäftigt. Der Name des Unternehmens ist eine Anlehnung an den Elektro-Ingenieur und Wissenschaftler Nikola Tesla, der den Induktionsmotor und die Transformierbarkeit des Wechselstromes erfunden hat.[7] Der Firmensitz liegt im Silicon Valley in Palo Alto, Kalifornien. Tesla Motors ist der erste und bis dato einzige Autobauer, der serienmäßig autobahntaugliche Elektrofahrzeuge mit der Lithium-Ionen-Batterietechnologie verkauft.[8] Nach der Unternehmensgründung durch Marin Eberhard und Marc Tarpenning im Jahr 2003 begann am 17. März 2008 die Serienproduktion des ersten Modells, des zweisitzigen Sportwagens Tesla Roadster, der noch bis Ende 2011 durch den Sportwagenhersteller Lotus produziert wird.[9] Zwei Jahre zuvor wurde der Prototyp vorgestellt.[10]

Am 12. Januar 2010 feierte Tesla Motors den Verkauf seines 1000. Roadster, der weltweit in über zehn unternehmenseigenen Verkaufszentren in USA und Europa sowie übers Internet vertrieben wird.[11] Damit ist Tesla Motors nach Ford sogar der größte private US-Fahrzeughersteller, da General Motors mehrheitlich dem Staat gehört und Chrysler vom italienischen Fiat-Konzern geführt wird.[12] Der Basispreis für den Tesla Roadster, der in 3,9 Sekunden[13] von 0 auf 100 km/h beschleunigt, eine Reichweite von 245 Meilen (394 km)[14] hat und so den Fahreigenschaften eines konventionellen Sportwagens entspricht, beträgt USD 101.500[15] und zielt folglich auf vermögende Kundenschichten ab. 2012 soll mit dem „Model S", eine Elektro-Limousine mit einer Reichweite von bis zu 300 Meilen (482 km), die auf dem Deckblatt dieser Seminararbeit abgebildet ist, ein zweites Modell auf den Markt kommen, das in dem durch Tesla Motors kürzlich

---

[7] Vgl. Tesla Motors (2010): Why the Name "Tesla"?, Internetseite.
[8] Vgl. US Securities and Exchange Commission (2010): Tesla Motors - IPO-Unterlagen, S.1.
[9] Vgl. BusinessGreen (2010): Artikel vom 30.05.2010, Internetquelle.
[10] Vgl. Tesla Motors (2010): Pressemitteilung vom 17.03.2010.
[11] Vgl. Tesla Motors (2010): Pressemitteilung vom 12.01.2010.
[12] Vgl. Wirtschaftswoche (2009): Ausgabe Nr. 52, S. 91.
[13] vgl. Tesla Motors (2010): Buy, Internetseite.
[14] Ebenda.
[15] Stand: Juni 2010, darin ist bereits die Kaufanreizprämie für Elektroautos der US Regierung in Höhe von USD 7.500 abgezogen, vgl. Tesla Motors (2010): Buy, Internetseite.

für USD 42 Mio.[16] erworbenen Produktionswerk in Fremont, USA in Kooperation mit Toyota produziert werden soll.[17] Nach Unternehmensangaben gibt es bereits über 2.000 Vorbestellungen[18] und jährlich sollen bis zu 20.000 Fahrzeuge[19] produziert werden. Der Einstiegspreis liegt bei USD 49.500[20] und zielt anders als der Tesla Roadster auf eine breitere Kundenschicht ab. Das Unternehmen beschäftigt über 650 Mitarbeiter[21] und stellt derzeit jeden Monat etwa 50 Neue ein, um insbesondere die eigene Produktion aufzubauen.[22] CEO des Unternehmens ist Elon Musk, der gleichzeitig der größte Anteilseigner[23] ist.[24]

Finanziell gesehen, liegt das Unternehmen durch die sehr hohen Entwicklungskosten der Modelle und der Antriebstechnologie sowie den hohen Produktionsstückkosten aufgrund der niedrigen Stückzahl tief in den roten Zahlen (siehe Anlage A). Bis Ende 2009 wurde bei einem Umsatz von USD 126,6 Mio. ein Nettoverlust in Höhe von USD 260,7 Mio. seit Gründung eingefahren.[25] Diese Entwicklung verdeutlicht auch nachfolgende Abbildung.

---

[16] Vgl. Handelsblatt (2010): Artikel vom 24.06.2010, Internetquelle.
[17] Vgl. Spiegel Online (2010): Artikel vom 21.05.2010, Internetquelle.
[18] Stand: März 2010, vgl. US Securities and Exchange Commission (2010): Tesla Motors - IPO-Unterlagen, S.1.
[19] Ebenda.
[20] Darin ist bereits die Kaufanreizprämie für Elektroautos der US Regierung in Höhe von USD 7.500 abgezogen, vgl. Tesla Motors (2010): Buy, Internetseite.
[21] Tesla Motors (2010): About Tesla, Internetseite.
[22] Vgl. State of California (2010): Aufzeichnung der Rede der Kooperationsvereinbarung zwischen Toyota-Tesla vom 20.05.2010.
[23] Vgl. FAZ (2010): Artikel vom 30.06.2010 Internetquelle.
[24] Im Rahmen dieser Seminararbeit wird nicht weiter auf den gerichtlichen Streit zwischen Eberhard und Musk eingegangen, der durch Finanzschwierigkeiten aufgrund der Produktionsstartverzögerung entstanden ist.
[25] Vgl. US Securities and Exchange Commission (2010): Tesla Motors - IPO-Unterlagen, S.14.

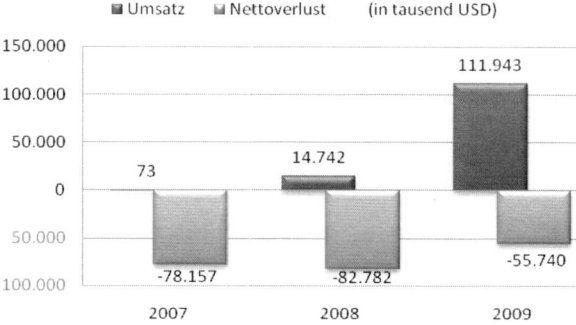

Abbildung 1: Finanzdaten Tesla Motors (2007-2009)[26]

Nach Unternehmensangaben wird in absehbarer Zeit mit weiteren Verlusten gerechnet.[27] Entsprechend benötigt das Unternehmen finanzielle Mittel, um die hohen Entwicklungs- und Produktionskosten in der Anfangsphase zu finanzieren. Deshalb wagte Tesla Motors Ende Juni den Schritt aufs Parkett, bei dem 13.300.000 Aktien (etwa 10%) an die Börse gebracht wurden. Mit der Emission nahm das Unternehmen USD 226 Mio. ein, das überwiegend in die Entwicklung gesteckt werden soll. Toyota hat sich beim Börsengang allein mit USD 50 Mio. beteiligen.[28] Folglich würde sich der Unternehmenswert bereits heute auf rund USD 1,5 Mrd.[29] Außerdem verfügt Tesla seit 2009 über einen staatlichen Förderkredit von 465 Millionen Dollar, der von der US Regierung für die Entwicklung alternativer Antriebe als Förderprogramm aufgesetzt wurde.[30] Neben Toyota hatte sich 2009 Daimler mit einem zweistelligen Millionenbetrag an dem Unternehmen beteiligt, um so von Tesla's einzigartiger Expertise bei Elektroautos und Akkus zu profitieren.[31] Es überrascht deshalb nicht, dass Daimler am 22.06.2010 verkündete den Sportwagen SLS AMD auch als Elektrofahrzeug in 2011 auf den Markt zu bringen.[32]

---

[26] Eigene Darstellung in Anlehnung an US Securities and Exchange Commission (2010): Tesla Motors - IPO-Unterlagen, S.10.
[27] Vgl. AutomotiveWorld (2010): Artikel vom 01.02.2010, Internetquelle.
[28] Vgl. The Wall Street Journal (2010): Artikel vom 09.06.2010, Internetquelle.
[29] Vgl. Golem (2010): Artikel vom 16.06.2010, Internetquelle.
[30] Vgl. Focus (2010): Artikel vom 02.02.2010, Internetquelle.
[31] Vgl. Spiegel (2009): Artikel vom 19.05.2009, Internetquelle.
[32] Vgl. Daimler (2010): Pressemitteilung vom 22.06.2010, Internetquelle.

3 Analyse der Gründer und der Umweltinnovation

3.1 Wer sind/waren die Unternehmer von Tesla Motors?

Die Persönlichkeit des Unternehmers spielt eine zentrale Rolle bei der erfolgreichen Unternehmensgründung. Er ist die treibende Kraft im ganzen Unternehmen.[33] Venture Capital Gesellschaften gewichten diesen Faktor bei ihrer Investitionsentscheidung mit über 33% am Stärksten.[34] Bei Tesla Motors sind die Unternehmer Martin Eberhard und Marc Tarpenning, die das Unternehmen mit dem Ziel gegründet haben, effizientere Autos für Menschen zu entwickeln, die Spaß am Autofahren haben.[35]

Martin Eberhard ist ein Elektrotechnik-Ingenieur und Unternehmensgründer, der in der Computerbranche zu Geld kam. Der 1960 geborene Kalifornier hat eine Leidenschaft für Sportwagen, aber auch moralische Bedenken über die Ölabhängigkeit vom Nahen Osten und ist besorgt über die globale Erderwärmung. Eberhard war bis 2007 der CEO von Tesla Motors und wurde im gleichen Jahr vom Forbes Magazin unter den Top 24 Innovatoren aufgeführt.[36] Wie wichtig die Persönlichkeit des risikobereiten Unternehmers ist, zeigt die Tatsache, dass seine Investoren ihm verboten seinem Hobby, dem Gleitschirmfliegen, nachzugehen.[37] Sein Lebenslauf verdeutlicht seine akademischen und vor allem beruflichen Erfahrungen als Entwickler, Gründer und Manager.[38] Aufgewachsen ist er im Hippie-Städtchen Berkeley, Kalifornien.[39] Nach seinem Bachelor-Studium in Technischer Informatik und Master-Studium in Elektroingenieurswesen an der University of Illinois begann er beim IT-Konzern Wyse Technology als erfolgreicher[40] Entwickler und gründete im Anschluss die Computerfirma Network Computing Devices, die er 1992 an die Börse brachte.[41] Mit einem Teil der Einnahmen gründete der Literatur-Liebhaber zusammen mit **Marc Tarpenning** das Unternehmen NuvoMedia, ein Entwickler für E-Books, das sie im Frühjahr 2000 für USD 187 Mio. an Gemstar verkauften.[42] Als Eberhard den Verkauf mit einem neuen Sportwagen feiern wollte, schockierten ihn die hohen Verbrauchswerte, so dass ihn sein großes Maß an Ehrgeiz und Leistungsmotivation packte und nach eigenen Alternativen suchte. Seine Überlegungen legte er seinem Geschäftspartner Marc Tarpenning, der den Visionär meist auf

---

[33] Vgl. Fueglistaller, U., Müller, C., Volery, T. (2008): Entrepreneurship, S. 40.
[34] Vgl. Schüppen/Tominski (2003): S. 2.
[35] Vgl. Tesla Motors (2006): Pressemitteilung vom 15.08.2006, Internetquelle.
[36] Vgl. Fortune (2007): 25 Top innovators, Internetquelle.
[37] Vgl. Wirtschaftswoche (2006): S.18, Ausgabe vom 09.10.2006.
[38] Vgl. Stanford University (2007): Entrepreneurial Thought Leaders Seminar, Internetquelle.
[39] Vgl. Die Zeit (2007): Artikel vom 22.03.2007, Ausgabe 13.
[40] Er entwickelte den WY-30 ASCII Computerterminal, vgl. Academic (2010): Wyse, Internetquelle.
[41] Vgl. Stanford University (2007): Entrepreneurial Thought Leaders Seminar, Internetquelle.
[42] Vgl. Wirtschaftswoche (2006): S.18, Ausgabe vom 09.10.2006.

den Boden der Tatsachen zurückholt[43], vor und sie überzeugten trotz eigens mangelnder Kenntnisse über die Automobilbranche und Technologie auch den „Skeptiker".[44]

Im Vergleich zu Eberhard wirkt der zweite Gründer von Tesla Motors Marc Tarpenning, der als Vizepräsident die Entwicklung der elektrischen Systeme, der Elektronik und der Software für den Tesla Roadster sowie die Website und das Wissensmanagement verantwortlich war,[45] eher zurückhaltender.[46] Bei Eingabe seines Namens in der Internetsuchmaschine Google finden sich im Vergleich zu Eberhard mit 453.000 Einträgen nur 51.400 Einträge und er wird meist nur nebenbei im Zusammenhang mit Tesla erwähnt.[47]

Nach Tarpenning's Bachelor-Studium in Informatik an der University of California in Berkeley, begann er seine berufliche Karriere bei Industriekonzern Textron in Saudi-Arabien. Dort erlebte er, wie prestigeträchtige Großbauten, die insbesondere dank der Ölabhängigkeit der Industriestaaten errichtet werden konnten, verwirklicht wurden. Diese Erfahrungen formten sein Umweltbewusstsein über die globale Erderwärmung, Umweltfragen und die Nutzung der weltweiten Ressourcen.[48] Danach arbeitete er in USA als Softwareentwickler in leitenden Positionen bei verschiedenen Start-up-Unternehmen bis er 1997 mit Eberhard NuvoMedia gründete. Anschließend war er als Vizepräsident für Entwicklung bei der IT-Firma Packet Design zuständig, bis er das Unternehmen verlies, um zusammen mit seinem Freund Eberhard Tesla Motors zu gründen. Ihn selber hatten die Überlegungen durch Tesla Motors, das Image von Elektroautos zu verbessern, sie im Markt zu etablieren und so die Abhängigkeit vom Öl mit den einhergehenden Umweltfolgen zu durchbrechen, begeistert. Tarpenning beschrieb es selbst als „we knew we wanted to solve a real problem".[49]

3.2 Welche Innovationen haben sie geschaffen bzw. befördert? Was ist neu?

In der heutigen Innovationsforschung existiert eine Vielzahl von Definitionen und Deutungen für den Innovationsbegriff.[50] Es wird daher für diese Seminararbeit folgende Definition gewählt: „*Innovation ist die* **Entwicklung und Durchsetzung** *einer* **technischen**, *organisationalen, geschäftsbezogenen, institutionellen, oder* **sozialen** *Prob-*

---

[43] Eberhard: "Marc holt mich immer auf den Boden zurück." In Wirtschaftswoche (2006): S.18, Ausgabe vom 09.10.2006
[44] Vgl. Wirtschaftswoche (2006): S.100, Ausgabe vom 04.09.2006.
[45] Vgl. gizmag (2006): Artikel vom 20.06.2006, Internetquelle.
[46] Vgl. Earth2tech (2009): Artikel vom 27.08.2009, Internetquelle.
[47] Google (2010): Sucheingaben, Stand: 26.06.2010.
[48] Vgl. Wikipedia (2010): Marc Tarpenning. Internetquelle.
[49] Vgl. Earth2tech (2009): Artikel vom 27.08.2009, Internetquelle.
[50] Für eine Übersicht verschiedener Innovationsdefinitionen vgl. Hauschildt, J. (1997): 4ff.

*lemlösung, die als **grundlegend neu wahrgenommen**, von relevanten Anwendern akzeptiert und von Innovatoren in der **Erwartung eines Erfolgs** betrieben wird.*[51]

Danach kann der Tesla Roadster wie folgt als Innovation angesehen werden: Die Innovatoren haben nach Ansicht des Verfassers dieser Seminararbeit mit dem Tesla Roadster zum einen direkt eine *technische* und zum anderen indirekt eine *soziale Problemlösung entwickelt* und durch die Serienproduktion auch *durchgesetzt*. Die technische Problemlösung liegt darin, einen Sportwagen mit reinem Elektroantrieb zur Serienreife entwickelt zu haben, der das Aussehen und die Fahreigenschaften, insbesondere in Bezug auf Reichweite, Beschleunigung und Geschwindigkeit, eines konventionell angetriebenen Sportwagens, mit dem wesentlichen Unterschied einer sechsmal besseren Energieeffizienz[52] bei nur einem Zehntel der erzeugten Emissionen[53], hat. Ferner liegt die soziale Problemlösung darin, dass durch den Tesla Roadster bzw. der marktfähig entwickelten Antriebstechnologie eine Plattform geschaffen wurde, die bei Massenanfertigung zu einer massiven Reduktion der CO_2-Emissionen im Verkehr führen kann und damit einen positiven Beitrag für die Umwelt und somit für die Menschheit leistet.[54]

Die Problemlösung bzw. das Elektroauto wird auch als *grundlegend neu* von der Öffentlichkeit *wahrgenommen*, obwohl das Auto der Vergangenheit schon elektrisch fuhr. Ende des 19. Jahrhunderts kämpfte „der elektrische Wagen" in einem dramatischen Kopf-an-Kopf-Rennen gegen den Benziner, aber verlor aufgrund der weit schwächeren Reichweite durch fehlende geeignete Batterietechnologie.[55] Das *Neuartige* am Tesla Roadster allerdings ist, dass sich lediglich nur die Antriebsart verändert, aber der Komfort und Fahrspaß für den Nutzer gleich bleiben und folglich von *relevanten Anwendern akzeptiert* wird. Die wesentlichen Technologien wie Elektromotor, Steuerungssoftware oder Lithium-Ionen Akkumulatoren gab es bereits, es fehlte „nur" das Produkt zu einem Ganzen zusammenzubringen. Um dem Reichweitenproblem zu begegnen, wurden 6.831 Lithium-Zellen, wie sie in Laptops verwendet werden, durch ein eigens entwickeltes Kühlsystem, um die Leistungsfähigkeit zu erhalten, zu einem Batterieblock zusammengebaut.[56] Mit rund USD 20.000 bzw. 1/5 des Kaufpreises ist die Batterie der wesentliche Kostenblock am Tesla Roadster. Da Sportwagen wunderbare Spielzeuge für reiche Leute darstellen, sind höhere Preise aufgrund der Batterien leichter durchsetz-

---

[51] Fichter, K. (2010): S.6.
[52] gemessen an den effizientesten konventionell angetrieben Sportwagen, vgl. Tesla Motors (2010): Well-to-Wheel, Internetquelle.
[53] Allerdings sind die Emissionen von Elektroautos auf die Stromerzeugerseite verlagert, so dass der jeweilige Strom-Mix entscheidend für die Umweltbilanz ist. Vgl. DIE ZEIT (2009): Die Mär vom emissionsfreien Fahren, Ausgabe Nr. 39 vom 17.09.2009.
[54] Vgl. Globe Forum Business Network (2009): Pressemitteilung vom 04.06.2009.
[55] Vgl. Die Zeit (2009): Zurück in die Zukunft, Ausgabe Nr. 38 vom 10.09.2009.
[56] Vgl. Wirtschaftswoche (2006): S.18, Ausgabe vom 09.10.2006.

bar und so Ideal für das erste Modell, das gleichzeitig als Testmodell für die folgenden Mittel- bis Kleinwagenmodelle angesehen werden kann.[57] Aufgrund von Skaleneffekten wird allein bei den Batteriekosten eine deutliche Degression von bis zu 50% in den nächsten 5-10 Jahren erwartet.[58] Das steigert gleichzeitig die Gewinnaussichten pro Fahrzeug für die Innovatoren, die das Unternehmen in der *Erwartung eines Erfolgs betreiben.*

Nach Meinung des Autors dieser Seminararbeit wurde durch die Innovation, dem Tesla Roadster, eine echte Alternative zum herkömmlichen Sportwagen mit Verbrennungsmotor geschaffen. 2009 wurde Tesla Motors vom Globe Forum, ein globales Gründernetzwerk für nachhaltige Innovationen, mit dem Globe Sustainability Innovation Award 2009 ausgezeichnet mit der Begründung: „The potential for impact is real at a global scale".[59]

3.3 Welches sind die Auslöser und Treiber der Innovation (Einflussfaktoren)?

Innovationen werden ausgelöst, wenn man Gelegenheiten erkennt und ausnutzt. Gelegenheiten erkennt man, wenn man Diskontinuitäten, Diskrepanzen oder, ganz allgemein gesprochen, Differenzen (zwischen einem Ist und einem Soll), entdeckt.[60] Der Auslöser der Innovation geht nach Schumpeter vom Unternehmer und seiner Triebfeder nach Profit aus.[61]

Bei Tesla Motors war die Triebfeder der Umweltgedanke von Tarpenning und Eberhard. Eberhard war beim Kauf eines neuen Sportwagens von den hohen Verbrauchswerten, die kaum besser waren als sein alter BMW Z3, geschockt. Es gab keine marktfähigen Alternativen, obwohl bereits 1990 vom der Luftreinhaltungskommission („California Air Resources Board") des Bundesstaats Kalifornien eine Verordnung zum Bau von Nullemissions-Autos erlassen wurde[62] und damit eigentlich die idealen Rahmenbedingungen dafür geschaffen wurden, so dass Eberhard nach den Ursachen für diese Diskrepanz suchte. Auf dem Markt hatten sich lediglich bei Mittelklassewagen Hybridmotoren etabliert, die allerdings immer noch einen Verbrennungsmotor haben.[63] Bei der Analyse des gescheiterten Elektroautos EV1 von General Motors, von dem zwi-

---

[57] Vgl. BusinessWeek (2007): Artikel vom 30.07.2007, Internetquelle.
[58] Vgl. Deutsche Bank (2010): Vehicle Electrification - More rapid growth; steeper price declines for batteries, S. 3.
[59] Vgl. Globe Forum Business Network (2009): Pressemitteilung vom 04.06.2009.
[60] Vgl. Wahren, H.-K. (2004): S. 26.
[61] Vgl. Schumpeter, J. (1980): S.137.
[62] Vgl. Public Policy Institute of California (2007): Ausgabe Nr. 3, S.1 ff.
[63] Vgl. Helmers, E. (2009): S. 18.

schen 1996 und 2002 Jahre nur 1.100 Exemplare abgesetzt wurden, erkannte er, dass das USD 40.000 teure Fahrzeug mit Blei-Säure-Batterien aufgrund der geringen Reichweite von rund 100 km scheitern musste. Denn bei einer derartigen Reichweite sind Fahrer stets in Sorge eine Stromtankstelle zu finden.[64]

Neben der Reichweitenproblematik, die die beiden Gründer durch die Idee, die immer leistungsstärkeren Laptopakkus zu verwenden, lösten, war ein weiterer Einflussfaktor, dass die paar wenigen kleinen Elektrofahrzeugmodelle auf dem Markt optisch nicht wirklich kundenansprechend waren. „Elektroautos wurden bisher von Leuten gemacht, die keine Autos mögen. Sie wollen, dass der Kunde sein Wesen ändert, und das ist ein Fehler. Wir müssen ihm ein Auto anbieten, das er haben will", wird Eberhard oft zitiert.[65] Dass die beste Alternative zum konventionellen Fahrzeug ein Elektroauto ist, um vom Öl loszukommen und gleichzeitig die größte Menge an CO_2 einzusparen,[66] erkannten beide Gründer nach umfangreicher Analyse über Antriebstechnologien.[67]

Ein weiterer Einflussfaktor war, dass die Gründer zur richtigen Zeit das Unternehmen gründen wollten, denn das Thema Nachhaltigkeit und Klimawandel hatte in der Verkehrspolitik insbesondere in Kalifornien einen hohen Stellenwert eingenommen, so dass die Rahmenbedingungen für Investitionen gut waren.[68] Ferner erhöhten steigende Ölpreise selbst in den USA den Druck auf die Automobilindustrie, alternative und vor allem alltagstaugliche Antriebskonzepte zu entwickeln.[69] Zudem förderte die Lokation der Gründer, das Silicon Valley, die Umsetzung der Idee, denn es ist dort leichter gute Mitarbeiter und Investoren zu finden, die grüne Investments auch aus ideologischen Gründen unterstützen, so wie es bei Elon Musk, dem Gründer von Paypal, der als erster Investor einstieg, der Fall war.[70] Zudem konnten weitere Investoren, wie den Google Gründern Larry Page und Sergey Brin oder dem Ebay-Gründer Jeff Skoll, gewonnen werden, die gleichzeitig eine sehr hohe Werbewirkung in den Medien für das Vorhaben hatten.[71]

---

[64] Vgl. Wirtschaftswoche (2006): S.100, Ausgabe vom 04.09.2006.
[65] Vgl. Wirtschaftswoche (2006): S.18, Ausgabe vom 09.10.2006.
[66] Vgl. elektronikJOURNAL (2010): Interview mit Martin Eberhard vom 30.03.2010, Internetquelle.
[67] Vgl. Earth2tech (2009): Artikel vom 27.08.2009, Internetquelle.
[68] Vgl. Public Policy Institute of California (2007): Ausgabe Nr. 3, S.1 ff.
[69] Vgl. Classic Driver (2007): Artikel vom 24.03.2007, Internetquelle.
[70] Vgl. BusinessWeek (2007): Artikel vom 30.07.2007, Internetquelle.
[71] Vgl. Spiegel Online (2007): Artikel vom 08.10.2007, Internetquelle.

3.4 Welche Rolle spielten die Unternehmer im Rahmen des Innovationsprozesses (Funktionen)?

Die Rolle des Unternehmers im Innovationsprozess ist nach Fueglistaller stets dreifach. Zum einen liefert der Unternehmer permanent selbst Ideen und entwickelt daraus Innovationen. Er nimmt die Rolle des kreativen Vordenkers und Vorbildes gegenüber seinen Beschäftigten, Kunden und anderen Stakeholdern ein. Zum anderen kommt ihm die Rolle als Betreuer, Coach und Manager gegenüber seinen Mitarbeitern und deren Ideen und Innovationen zu, aber auch der Abbau von Innovationsbarrieren gilt für ihn als zentrale Aufgabe.[72] Welche konkreten Funktionen die Unternehmer von Tesla Motors bei der Innovation des Tesla Roadsters im Wesentlichen spielten, soll anhand der vier Phasen in der nachfolgenden Innovationsprozessabbildung untersucht werden.

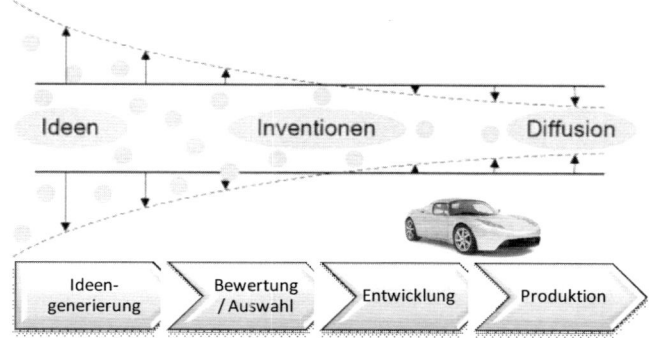

Abbildung 2: Innovationsprozess[73]

- **Ideengenerierung**: Bei der Ideengenerierung spielte Eberhard die entscheidende Rolle, denn er hatte die Vorstellung ein Auto zu entwickeln, mit dem man die Abhängigkeit vom Öl löst, gleichzeitig die größte Menge an CO_2 einspart und zudem die Freude am Fahren behält. Ferner sollte die Idee einen nachhaltigen Effekt haben, die zu einem Umdenken bei den Amerikanern führt.[74] Wie in den vorangegangenen Kapiteln erläutert ebnete den Weg für diese Vorstellung bzw. des Starts der Ideengenerierung, die Diskrepanz, dass sich bis dato keine Alternativen zum Fahrzeug mit konventionellem Verbrennungsmotor am Markt etablieren konnte. Entsprechend suchte Eberhard mit Tarpenning nach verschiedenen Ideen und Ansätzen, wie man diese Diskrepanz lösen kann.

---

[72] Vgl. Fueglistaller, U. (2005): S. 13.
[73] Eigene Darstellung in Anlehnung an Müller-Prothmann, T. / Dörr, N. (2009): S. 26.
[74] Vgl. elektronikJOURNAL (2010): Interview mit Martin Eberhard vom 30.03.2010, Internetquelle.

- **Bewertung / Auswahl**: Bei der Bewertung von verschiedenen Ideen wie Wasserstoff-, Bioethanol- oder Elektroantrieben stellten Eberhard und Tarpenning fest, dass die beste Alternative zum konventionellen Fahrzeug ein Auto mit Elektroantrieb ist und suchten nach den Gründen für das Scheitern in der Vergangenheit.[75] Die Auswahl fiel auf einen Sportwagen mit Elektromotor und Laptopakkus, um der ganzen Autoindustrie und allen Autofahrern zu zeigen, dass Elektromobilität „cool" sein kann und durch den Symbolcharakter einen neuen Trend in Gang zu setzen.[76] Um allerdings das Vorhaben auch zu verwirklichen, war es wichtig neben dem Einsatz von eigenem Kapital der Gründer ausreichend Fremdkapital in Form von Wagniskapital zu erhalten. Hier spielte Eberhard mit seinem persönlichen Netzwerk durch seinen Bekannten Elon Musk, den er bei einer Veranstaltung der Mars Society[77] kennenlernte, der sofort von der Idee überzeugt war und USD 27 Mio. Privatvermögen investierte, die entscheidende Rolle. Ohne Musk wäre das Vorhaben wohl gestorben, da die angesprochenen Risikokapitalgeber nicht investieren wollten und erst über Musk noch weitere Finanzierer gefunden werden konnten.[78]

- **Entwicklung**: Bei der Entwicklung der Invention[79] bzw. des Prototypen kamen wesentliche technische Hürden auf, die durch unternehmerisches Geschick der Gründer, die selber keine Expertise zuvor in der Automobilbranche erworben hatten, durch Kooperationen mit anderen Unternehmen angepackt wurden. Die technischen Fragen wie z.B. Brandgefahr der Batterien oder Heißlaufen des Elektromotors, löste Eberhard Federführend zusammen mit dem britischen Sportwagenhersteller Lotus, der den Roadster auch produziert, und in langwierigen Versuchen mit eigenen Ingenieuren, die Eberhard teilweise von Lotus abwerben konnte.[80] Tarpenning leitete die Entwicklung der elektrischen Systeme, der Elektronik und der Software die für reibungslosen Betrieb des Tesla Roadster essentiell waren. Neben den technischen Hürden war das wichtigste für Tesla Motors, als junges Start-up, in neuen Finanzierungsrunden weiteres Kapital zu generieren, um die hohen Kosten für die Entwicklung in der Anfangsphase zu stemmen. Als allerdings der Produktionsstart aufgrund gravierender technischer Probleme beim Antrieb in der Testphase deutlich verscho-

---

[75] Vgl. Earth2tech (2009): Artikel vom 27.08.2009, Internetquelle.
[76] Vgl. elektronikJOURNAL (2010): Interview mit Martin Eberhard vom 30.03.2010, Internetquelle.
[77] Der 1998 gegründete Verein, dem Wissenschaftler, Ingenieure, ehemalige Astronauten, Schauspieler und allerhand Sciene-Fiction-Fans aus aller Welt angehören, hat sich die Besiedlung des roten Planeten zum Ziel gesetzt. Vgl. The Mars Society (2010): Internetseite.
[78] Vgl. Wirtschaftswoche (2006): S.100, Ausgabe vom 04.09.2006.
[79] Invention (lat. invenire für entdecken/erfinden bzw. inventio für Einfall) bezeichnet im Rahmen des Innovationsmanagements die Umsetzung einer Idee in eine (technische) Lösung, vgl. Müller-Prothmann, T. / Dörr, N. (2009): S. 7.
[80] Vgl. Wirtschaftswoche (2006): S.100, Ausgabe vom 04.09.2006.

ben werden musste,[81] kam das Unternehmen in finanzielle Schwierigkeiten,[82] die nur durch Eigenkapitalzuschuss von Musk abgewendet werden konnten. Der Gründer Eberhard trat daraufhin von seinem Amt als CEO zurück und verlies im Streit mit Musk das Unternehmen. Tarpenning folgte ihm einige Monate später.[83]

- **Produktion**: Eberhard und Tarpenning spielten nur in den Vorbereitungen der Produktion für den Tesla Roadster eine wesentliche Rolle, weil sie vor dem serienmäßigem Produktionsbeginn bzw. der Diffusion[84] das Unternehmen verließen. Sie schlossen beispielsweise die wichtigen Verträge mit Lotus und dem chinesischem Elektromotorenhersteller, die für die Produktion essentiell waren.[85]

3.5 Was sind/waren ihre Motive, worin bestehen ihre besonderen Qualifikationen?

Die Motive von Personen für die Gründung eines eigenen Unternehmens sind vielschichtig. In diversen Umfragen werden Motive wie z.B. Selbstverwirklichung, Not durch Arbeitslosigkeit, Familientradition, Vereinbarkeit Familie und Beruf oder höhere Einkommenserzielung genannt.[86] [87]

Bei den Gründern von Tesla Motors, die bereits erfolgreiche Gründer waren und durch den Verkauf von NuvoMedia finanzielle Unabhängigkeit erlangten, spielte der Umweltbewusst, der zur Verwirklichung des Tesla Roadsters führte, die entscheidende Rolle. Eberhard, der eine Leidenschaft für Sportwagen hatte, motivierten seine moralischen Bedenken über Amerikas Ölabhängigkeit vom Nahen Osten und die Besorgnis der Förderung des Treibhauseffektes durch Verbrennungsmotoren in Autos.[88] Tarpenning motivierte sein Umweltbewusstsein über die globale Erderwärmung, Umweltfragen und die Nutzung der weltweiten Ressourcen, die während seiner beruflichen Tätigkeit in Saudi-Arabien, als er die Ölabhängigkeit der Industriestaaten miterlebte, geformt wurden.[89] "We knew we wanted to solve a real problem" äußerte sich Tarpenning in einem Interview über die Gründung. Ferner wollten sie das Elektroauto zum Durchbruch verhelfen und einen neuen Trend in Gang setzen.[90]

Obwohl beide Gründer ihre ganzen beruflichen Erfahrungen in der Computerbranche gesammelt hatten, wagten sie den Schritt mit der Gründung eines Automobilherstel-

---

[81] Vgl. Earth2tech (2008): Artikel vom 24.01.2008, Internetquelle.
[82] Vgl. Spiegel Online (2007): Artikel vom 08.10.2007, Internetquelle.
[83] Vgl. WIRED (2009): Artikel vom 30.06.2009, Internetquelle.
[84] Diffusion, ist die Ausbreitung der Idee im Markt, vgl. Pleschak, F. / Sabisch, H. (1996): S.6.
[85] Vgl. Earth2tech (2008): Artikel vom 24.01.2008, Internetquelle.
[86] Vgl. Volkmann, C. / Tokarski, K. (2006): S. 56
[87] Vgl. Katz-Hofelich, B. (2010): S. 4.
[88] Vgl. Wirtschaftswoche (2006): S.18, Ausgabe vom 09.10.2006.
[89] Vgl. Wikipedia (2010): Marc Tarpenning, Internetquelle.
[90] Vgl. Earth2tech (2008): Artikel vom 24.01.2008, Internetquelle.

lers. Eberhard hatte als studierter Ingenieur ein gutes Verständnis für Technologie und Entwicklung, so dass er sich leichter in die Thematik des Autobaus und der Elektrifizierung einarbeiten konnte. Tarpenning brachte Erfahrungen in der Softwareentwicklung mit, die für die Steuerungen des Roadsters notwendig waren. Als erfahrene Unternehmer ist nach Sicht des Verfassers dieser Seminararbeit anzunehmen, dass beide über ausreichend betriebswirtschaftliches Wissen, die für den Aufbau und die Unternehmensführung wichtig sind, verfügten. Ferner, wurden diverse Entwicklungsingenieure eingestellt, um das fehlendes Spezialwissen über Fahrzeugbau und Antriebstechnologien auszugleichen, so dass etwa 3 Jahre nach der Gründung bereits 200 Mitarbeiter in dem Unternehmen beschäftigt waren. Die Tatsache, dass die Gründer es schafften Mitarbeiter von Lotus abzuwerben und in den einzelnen Finanzierungsrunde neues Kapital einzuwerben, lässt darauf schließen, dass sie gute Motivatoreigenschaften haben bzw. leicht Menschen für Ideen begeistern konnten.[91]

3.6 Wer sind außer dem zentralen Unternehmen die Macher und Förderer der Innovation?

Neben den Unternehmern waren für die Innovation noch weitere Macher und Förderer entscheidend, die in der nachfolgenden Abbildung aufgeführt sind.

Private Investoren
- Elon Musk (Paypal)
- Jeff Skoll (Ebay)
- Page / Brin (Google)
- Nick Pritzker (Hyatt)

Venture Capital
- Compass Technology Partner & SDL Ventures
- Valor Equity Partn.
- JPMorgan

Staat
- Advanced Technology Vehicles Manufacturing Loan Program ($465 Mio.)
- Kaufprämie ($7.500 + $5.000)

Unternehmen
- AC Propulsion
- Lotus
- Daimler (2009)
- Toyota (2010)

Mitarbeiter
- Ian Wright, Autoingenieur (VP Fahrzeugentwicklung)
- JB Straubel, (Chief Technical Officer)

Prominente Käufer
- George Clooney
- Arnold Schwarzenegger (Erstkäufer)

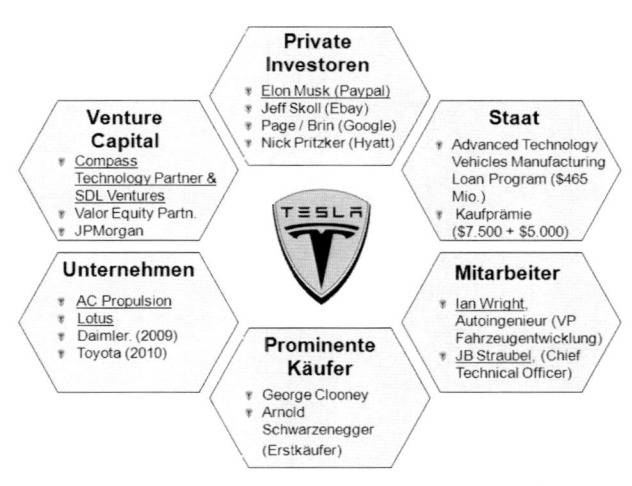

Abbildung 3: Förderer und Macher der Innovation[92]

---

[91] Vgl. Wirtschaftswoche (2006): S.100, Ausgabe vom 04.09.2006.
[92] Eigene Darstellung

- **Private Investoren**: Ohne Elon Musk, der seit 2008 CEO von Tesla Motors ist, würde es den Tesla Roadster vermutlich nicht geben. Er stieg mit USD 27 Mio. aus seinem Privatvermögen als erster Finanzier ein, als kein Investor von der Idee überzeugt werden konnte, und warb weitere Finanziers.[93] Ferner konnte durch Musk's Eigenkapitalzuschuss Tesla Motors aus der finanziellen Notlage, die durch die Produktionsverzögerung aufkam, gerettet werden.[94] Zu den weiteren privaten Investoren gehören die Google-Gründer Larry Page und Sergey Brin, der Ebay-Milliardär Jeff Skoll sowie der Hyatt-Vorstandschef und Hotelerbe Nick Pritzker, die in der dritten Finanzierungsrunde 2006 hinzukamen.[95]

- **Venture Capital**: Über Elon Musk konnte in der ersten Finanzierungsrunde 2004 die Venture-Capital-Gesellschaften Compass Technology Partners und SDL Ventures gewonnen werden. In weiteren Finanzierungsrunden kamen Valor Equity Partners, Draper Fisher Jurvetson, Capricorn Management und die von JPMorgan Chase geführte The Bay Area Equity Fund.[96]

- **Unternehmen**: Als Eberhard und Tarpenning auf der Suche nach Investoren waren, half ein geliehenes Elektrofahrzeug des Unternehmens AC Propulsion als Vorführwagen. Zudem erwarb Tesla Motors für die Entwicklung des Tesla Roadsters notwendige Lizenzen von AC Propulsion.[97] Ferner konnte durch die Zusammenarbeit mit dem britischen Sportwagenhersteller Lotus neben dem Design des Tesla Roadsters die entscheidenden technischen Fragen gelöst werden.[98] Seit Mai 2009 ist Daimler zu 10% an Tesla beteiligt. Damit wurde eine engere Zusammenarbeit bei Batteriesystemen, Elektroantrieben und Fahrzeugprojekten zwischen beiden Unternehmen vereinbart.[99] Mit dem Börsengang im Juni 2010 hat sich auch Toyota mit USD 50 Mio. beteiligt.[100]

- **Prominente Käufer**: Unter den Erstkäufer des Tesla Roadsters zählen Hollywood-Größen wie George Clooney, Brad Pitt und Leonardo DiCaprio, oder der kalifornischen Gouverneur Arnold Schwarzennegger, der zuvor eher als Besitzer eines Hummer-Geländewagens bekannt war.[101] Dies führte nach Sicht des Autors dieser Seminararbeit bereits vor Verkaufsstart zu einer hohen Werbewirkung für den Tes-

---

[93] Vgl. Wirtschaftswoche (2008): S.150, Ausgabe vom 27.10.2008.
[94] Vgl. Spiegel Online (2007): Artikel vom 08.10.2007, Internetquelle.
[95] Vgl. Wirtschaftswoche (2006): S.100, Ausgabe vom 04.09.2006.
[96] Vgl. Wikipedia (2010): Tesla Motors - History and financing, Internetquelle.
[97] Vgl. Earth2tech (2009): Artikel vom 26.06.2009, Internetquelle.
[98] Vgl. Wirtschaftswoche (2006): S.100, Ausgabe vom 04.09.2006.
[99] Vgl. Daimler (2009): Pressemitteilung vom 19.05.2009, Internetquelle.
[100] Vgl. Spiegel Online (2010): Online Artikel vom 21.05.2010, Internetquelle.
[101] Vgl. Die Zeit (2008): Artikel vom 11.08.2008. Internetquelle.

la Roadster und damit auch für die positive Sichtweise für Elektroautos und einem Beschleuniger im Diffusionsprozess.

- **Mitarbeiter**: Als wesentliche Mitarbeiter können Ian Wright, Vice President Fahrzeugentwicklung bis 2007 und Nachbar von Eberhard, und JB Straubel, Chief Technical Officer, genannt werden, die gleich in der Anfangsphase im Unternehmen mitgearbeitet hatten. Ian Wright, als erfahrener Ingenieur für den Bau von Sportwagen und ehemaliger Rennfahrer,[102] und JB Straubel, als erfahrener Ingenieur für elektrische Autoantriebsformen waren für die Entwicklung des Tesla Roadsters mitentscheidend.[103]

- **Staat**: Der Staat leistete mit den Rahmenbedingungen für alternative Antriebsformen und Elektroautos einen Fördererbeitrag für die Innovation. Über das Förderprogramm „Advanced Technology Vehicles Manufacturing Loan" für die Entwicklung alternativer Antriebe sicherte sich Tesla Motors 2009 einen staatlichen Förderkredit von USD 465 Mio.[104] Durch den Kredit konnte Tesla Motors trotz Finanzkrise günstig an Kapital kommen, das für die Entwicklung des neuen Models S unabdingbar ist. Ferner führte das Kaufanreizprogramm für Elektrofahrzeuge in Höhe von USD 7.500 der US-Regierung sowie USD 5.000 des Staates Kalifornien zu einer weiteren Absatzunterstützung.[105] Außerdem schreibt das neue kalifornische Gesetz „Clean Air Act" den Autoherstellern unter Strafandrohung vor, dass 11% der zugelassenen Neuwagen Nullemissionsfahrzeuge sein müssen.[106]

3.7 Welche Barrieren und Widerstände sind/waren zu überwinden?

Auslöser einer Innovationsbarriere bzw. des Widerstands gegen Innovationen ist ein von den Betroffenen wahrgenommener Konflikt zwischen „Alt" und „Neu", also eine Nichtvereinbarkeit von zwei Verhaltensweisen, in deren Mittelpunkt ein Konfliktgegenstand wie z.B. eine Technologie, ein Produkt oder eine Dienstleistung stehen kann.[107] Innovationsbarrieren können die Einführung einer Innovation in unterschiedlichem Grade hemmen. Jedoch sind Barrieren und Widerstände überwindbar. Bei Tesla Motors können die nachfolgenden Barrieren bzw. Widerstände aufgeführt werden.

---

[102] Vgl. ieee spectrum (2007): Artikel vom Februar 2007, Internetquelle.
[103] Vgl. Technology Review (2008): Artikel des Massachusetts Institute of Technology, Internetquelle.
[104] Vgl. Focus (2010): Artikel vom 02.02.2010, Internetquelle.
[105] Vgl. Focus (2010): Artikel in Ausgabe Nr. 12 vom 22.03.2010, S. 114.
[106] Vgl. Süddeutsche Zeitung (2010): Artikel in Ausgabe Nr. 51 vom 05.07.2010, S.38.
[107] Vgl. Hauschild, J. / Salomo, S. (2007): S. 178.

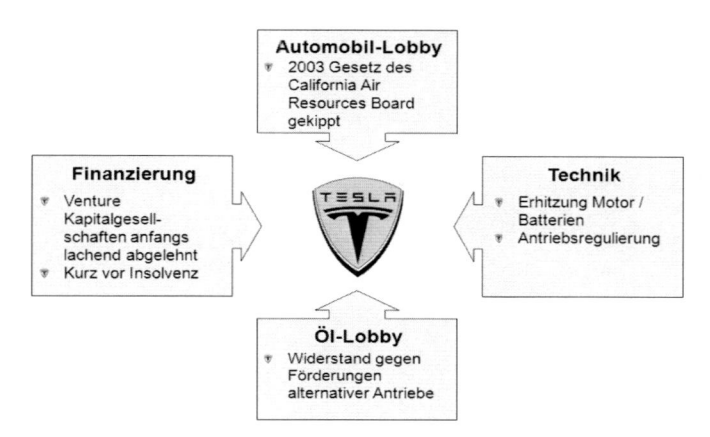

```
                    ┌─────────────────────┐
                    │  Automobil-Lobby    │
                    │ ▼ 2003 Gesetz des   │
                    │   California Air    │
                    │   Resources Board   │
                    │   gekippt           │
                    └─────────────────────┘
┌──────────────────┐                          ┌──────────────────┐
│ Finanzierung     │                          │ Technik          │
│ ▼ Venture        │        TESLA             │ ▼ Erhitzung Motor/│
│   Kapitalgesell- │                          │   Batterien      │
│   schaften anfangs                          │ ▼ Antriebs-      │
│   lachend abgelehnt                         │   regulierung    │
│ ▼ Kurz vor Insolvenz                        │                  │
└──────────────────┘                          └──────────────────┘
                    ┌─────────────────────┐
                    │     Öl-Lobby        │
                    │ ▼ Widerstand gegen  │
                    │   Förderungen       │
                    │   alternativer Antriebe│
                    └─────────────────────┘
```

Abbildung 4: Übersicht über die Barrieren und Widerstände der Innovation[108]

▼ **Automobil-Lobby**: Starke Lobbyarbeit der Automobilindustrie gab es bezüglich den gesetzlichen Rahmenbedingungen, die dem Elektroauto den Markteintritt erleichtern sollte. Danach sollten 2% aller in Kalifornien verkauften Autos ab 2003 reine Elektroautos (Zero-Emission Vehicles) sein.[109] 2003 verklagten General Motors und DaimlerChrysler die kalifornische Regierung wegen dem Gesetz, und die Bush-Regierung sprang ihnen bei. Washingtons Argument war, dass nur Washington nationale Autostandards verlangen könne. Was Kalifornien da mache, sei ein der Nation aufgenötigter Standard, denn der kalifornische Markt sei groß. Im April 2003 wurde das Zero Emission-Gesetz zurückgenommen und die Autohersteller begannen ihre bis dahin verleasten Elektroautos wieder einzusammeln. GM stampfte seine sogar ein. Damit wirklich gar nichts mehr vom kurzen elektronischen Frühling übrig blieb.[110] Entsprechend konnte von den Automobilkonzernen in der Anfangsphase von Tesla Motors wenig Unterstützung erwartet werden. Mittlerweile hat sich das Blatt zum Beispiel durch das kalifornische Gesetz „Clean Air Act" allerdings zu Gunsten der Elektroautos gewendet.[111]

▼ **Öl-Lobby**: Neben der Automobilindustrie befürwortete die Ölindustrie die Entscheidung der Klage, um zu verhindern, dass durch alternative Antriebe ihre Monopolstellung durchbrochen wird.[112] Ferner wurde die Entscheidung von der Bush-Regierung gefällt, deren Regierungsmitglieder Dick Cheney, Condoleezza Rice,

---

[108] eigene Darstellung
[109] Vgl. Helmers, E. (2009): S. 25f.
[110] Vgl. Die Zeit (2008): Artikel vom 11.08.2008, Internetquelle.
[111] Vgl. Süddeutschen Zeitung (2010): Artikel in Ausgabe Nr. 51 vom 05.07.2010, S.38.
[112] Vgl. Spiegel (2006): Artikel vom 24.09.2006, Internetquelle.

Andrew Card und Georg W. Bush vormals hohe Managementpositionen in der Ölindustrie inne hatten. Zudem wurde in dem Film „ Who Killed the Electric Car?" berichtet, dass Ölkonzerne durch den Aufkauf von Patenten für moderner Nickel-Metall-Batterietechnologien, deren Verwendung in Elektroautos verhinderten.[113] Tesla verwendete allerdings die leistungsstarke Lithium-Ionen-Batterietechnologie und konnte so diese Barriere umgehen.

▼ **Technik**: Neben den genannten Barrieren auf der gesetzlichen Rahmenbedingungsebene, war die <u>größte Barriere</u> für Tesla Motors die Technik. Die größte Herausforderung war, die leicht entzündlichen Stromspeicher so zusammenzufügen, dass sie nicht explodieren oder dem Fahrer bei einem Unfall tödliche Stromschläge verpassen. Sie lösten das Problem, indem sie jede Zelle ummantelten, einen Kühlkreislauf installierten und das Batterie-Paket in Sektoren aufteilten. Auch bei dem Tesla-Motor, der auf Taiwan montiert wird, erwies sich die Kühlung als die größte Barriere, die notwendig wurde, da der Motor sehr schnell heiß lief. Das Problem wurde gelöst, indem der Motor mit einem speziellen Stahl ummantelt wurde.[114] Zuvor versuchte Tesla Motors eine besondere Antriebsregulierung zu entwickeln, um den Motor zu entlasten, musste diese Entwicklung allerdings beenden, als es daraufhin zu Verzögerungen im Produktionsstart und folglich zu finanziellen Problemen kam.[115]

▼ **Finanzierung**: Als Martin Eberhard Anfang des Jahrzehnts Investoren suchte, lachten ihn die Wagnisfinanzierer aus: Ein Elektroauto, das von Tausenden Laptop-Akkus gespeist wird, sei Schwachsinn, sagten sie.[116] Bisher fokussierten sie, wenn sie überhaupt erst in die Automobilbranche investierten, eher Unternehmen, die sich mit der Brennstoffzellentechnik beschäftigten, die als Zukunftstechnologie galt. Erst durch Musk und seine Kontakte konnte die Anfangsfinanzierung gesichert werden. Als allerdings der Produktionsstart aufgrund technischer Probleme beim Antrieb deutlich verschoben werden musste,[117] kam das Unternehmen in finanzielle Schwierigkeiten, da keine Anschlussfinanzierung über den Kapitalmarkt erzielt werden konnte. Diese Barriere konnte nur durch den Eigenkapitalzuschuss von Musk abgewendet werden konnten.[118]

---

[113] Vgl. Helmers, E. (2009): S. 32.
[114] Vgl. Wirtschaftswoche (2006): Ausgabe vom 04.09.2006, S.100.
[115] Vgl. Earth2tech (2008): Artikel vom 24.01.2008, Internetquelle.
[116] Vgl. Wirtschaftswoche (2006): Ausgabe vom 19.06.2006, S.126.
[117] Vgl. Earth2tech (2008): Artikel vom 24.01.2008, Internetquelle.
[118] Vgl. Spiegel Online (2007): Artikel vom 08.10.2007, Internetquelle.

3.8 Neu = erfolgreich? Hat sich die Neuerung durchgesetzt? Welche Wirkungen gehen von ihr aus?

- **Neu = Erfolgreich**: Der erfolgreiche Börsengang am 29.06.2010 von Tesla Motors an die Nasdaq zeigte, dass Investoren an das Unternehmen und damit an die Innovation glauben, obwohl das Tesla Motors noch in den roten Zahlen steckt und es keinen Ausblick gibt, wann es profitabel wird. Die Süddeutsche Zeitung titelte den Börsengang als „Tesla ist der Renner an der Börse"[119]. Der Schlusskurs lag mit fast 41% über den bereits erhöhten Ausgabepreis von USD 17,00.[120] Tesla Motors hat es geschafft, dass etablierte Autobauer wie Daimler, die noch 2003 mit der Ölindustrie gegen das Gesetz des California Air Resources Board erfolgreich geklagt hatten, oder Toyota Kooperationen suchen, um von der Expertise bei Elektroantrieb und Batteriefunktion des Unternehmens zu profitieren. Ferner wird durch die Innovation des Tesla Roadsters das neue Model S als Mittelklassewagen mitfinanziert und stellt damit die Basis für weitere Modelle dar.

- **Durchgesetzt**: Die Neuerung hat sich bisher durchgesetzt. Das zeigen die jüngsten Entwicklungen bei den Automobilherstellern. „Dieser Trend ist nicht mehr aufzuhalten" sagte Porsche-Chef Michael Macht im Januar 2010.[121] Gerade Porsche galt als traditioneller Sportwagenhersteller alles andere als offen für alternative Antriebe.[122] Derzeit fließen weltweit Milliarden in die Entwicklung von Elektroautos. Der Wettkampf um den Stromantrieb wird die Industrie revolutionieren, titelte die Wirtschaftswoche.[123] Tesla Motors konnte seit Produktionsbeginn über 1.000 Roadster absetzen und hat bereits für das neue Model S über 2.000 Vorbestellungen, obwohl das Fahrzeug erst für 2012 geplant ist.[124] Entsprechend kann nach Sicht des Verfassers dieser Seminararbeit angenommen werden, dass sich die Neuerung durchgesetzt hat.

- **Wirkung**: Der Tesla Roadster hat gezeigt, dass Elektroautos „sexy" geworden sind.[125] Insbesondere durch Tesla Motors wurde ein Trend in Gang gesetzt, der die ganze Automobil- und Ölindustrie verändern wird. „Wir stehen an einer Schwelle, vergleichbar mit der von der Schreibmaschine zum Computer" sagte Audi-Entwicklungsvorstand Michael Dick während der IAA 2009.[126] Elektroautos werden vermutlich auf lange Sicht den konventionellen Verbrennungsmotor bei PKWs von

---

[119] Süddeutschen Zeitung (2010): Artikel vom 29.06.2010, Internetquelle.
[120] Vgl. Finanzen.net (2010): Artikel vom 06.07.2010, Internetquelle.
[121] Vgl. Welt Online (2010): Artikel vom 02.02.2010, Internetquelle.
[122] Vgl. Auto Motor und Sport (2010): Artikel vom 22.02.2010, Internetquelle.
[123] Vgl. Wirtschaftswoche (2009): Ausgabe Nr. 38 vom 14.09.2009, S. 76.
[124] Stand: März 2010, vgl. US Securities and Exchange Commission (2010): Tesla Motors - IPO-Unterlagen, S.1.
[125] Vgl. Zeit Online (2009): Artikel vom 20.05.2009, Internetquelle.
[126] Vgl. Wirtschaftswoche (2009): Ausgabe Nr. 38 vom 14.09.2009, S. 76.

der Straße verdrängen, so wie das Anfang des 19. Jahrhundert umgekehrt der Fall war.[127] Durch die technische Innovation des Tesla Motors wurde eine echte Alternative zum Verbrennungsmotor geschaffen, die nun zu einem Paradigmenwechsel führt.[128] Es stellt damit eine Basis für neue Innovationen dar, die durch diese Innovation erst noch kommen werden. Tesla Motors hat alleine bereits 14 Erfindungen patentieren lassen und 95 weitere wurden beantragt.[129]

---

[127] Vgl. Helmers, E. (2009): S. 1ff.
[128] Vgl. Berliner Morgenpost (2010): Artikel vom 20.04.2010, Internetquelle.
[129] Vgl. Tesla Motors (2010): About Tesla, Internetquelle.

4 Fazit: Was lernen wir aus dem Fallbeispiel für Unternehmertum und das Management von Umweltinnovationen? Beschreibung von Tesla Motors

Der Tesla Roadster, als technische Umweltinnovation, hat einen Trend in Gang gesetzt, der nach Auffassung des Verfassers dieser Seminararbeit nicht mehr aufzuhalten ist. Diese Umweltinnovation führt zu einem Paradigmenwechsel vom Verbrennungsmotor zum Elektromotor, der die Wertschöpfungskette der Automobilhersteller, -zulieferer und Mineralölkonzerne grundlegend verändert. Damit allerdings eine technische Umweltinnovation zu einem Paradigmenwechsel führen kann, sind große Anstrengungen und ein starkes Durchhaltevermögen der Unternehmer notwendig, um gegen Barrieren und Widerstände, insbesondere der bestehenden Akteure entlang der Wertschöpfungskette, sich durchzusetzen.

Dabei ist es notwendig, dass die Politik die gesetzlichen Rahmenbedingungen schafft, damit sich eine technische Umweltinnovation auch gegen bestehende Strukturen durchsetzen kann. Hierzu ist vom Unternehmertum viel Lobbyarbeit an den richtigen Stellen erforderlich. Der derzeitige Trend für nachhaltiges Wirtschaften, ökologische Produkte und Umweltbewusstsein fördert die Grundlage für Umweltinnovationen, so dass eine hohe gesellschaftliche und damit auch politische Akzeptanz gegeben ist.

Ferner benötigen technische Umweltinnovationen viel Kapital. Ohne die Finanzierung der privaten Investoren wie allen voran Musk (von Beginn an), Page, Brin, Skoll oder Pritzker wäre der Tesla Roadster derzeit noch eine Vision gewesen und die Elektroautos nicht sexy. Entsprechend ist eine gute Vernetzung der Unternehmer mit kapitalstarken langfristig agierenden Investoren für das langfristige Bestehen wichtig, da gerade in der Anfangsphase aufgrund hoher Entwicklungskosten kein Geld verdient werden kann.

Das Elektroauto an sich ist keine neue Erfindung, da es sie bereits vor über 100 Jahren auf den Straßen und in den letzten 20 Jahren vereinzelt als optisch nicht ansprechende Kleinwagen gab. Das Neue aber am Tesla Roadster ist, dass es die Kundenbedürfnisse wie beispielsweise Fahrspaß, Optik und angemessene Reichweite erfüllt. Das zeigt, dass zum Durchsetzen einer technischen Umweltinnovation die Kundenorientierung für das Produkt für den Erfolg entscheidend ist.

So ist der Tesla Roadster als ausgemachter Sportwagen, der mit einem Preis von USD 100.000 ein wunderbares Spielzeug für reiche Leute abgibt, das erste Modell von Tesla Motors auf dem Markt. Wer das kritisieren will, übersieht, dass Tesla mit diesem Produkt eine kleine Flotte von Fahrzeugen auf die Straße bringt, mit denen sich Konzepte im Alltag erproben lassen. Damit ist man weiter als die meisten anderen Hersteller, die noch kaum reine Elektrofahrzeuge an Kunden ausgeliefert haben. So nutzt Tes-

la Motors geschickt, den Tesla Roadster für die Entwicklung der Folgemodelle, die die Masse ansprechen sollen, und baut sich so im Vorfeld ein positives und starkes Image auf.

Anlage - Anlage A

	Years Ended December 31,		
	2007	2008	2009
	(in thousands, except share and per share data)		
Consolidated Statements of Operations Data:			
Automotive sales (including zero emission vehicle credit sales of $3,458 and $8,152, for the years ended December 31, 2008 and 2009, respectively)	$ 73	$ 14,742	$ 111,943
Cost of sales(1)	9	15,883	102,408
Gross profit (loss)	64	(1,141)	9,535
Operating expenses(1):			
Research and development (net of development compensation of $23,249 for the year ended December 31, 2009)	62,753	53,714	19,282
Selling, general and administrative	17,244	23,649	42,150
Total operating expenses	79,997	77,363	61,432
Loss from operations	(79,933)	(78,504)	(51,897)
Interest income	1,749	529	159
Interest expense	—	(3,747)	(2,531)
Other income (expense), net(2)	137	(963)	(1,445)
Loss before income taxes	(78,047)	(82,685)	(55,714)
Provision for income taxes	110	97	26
Net loss	$ (78,157)	$ (82,782)	$ (55,740)
Net loss per share of common stock, basic and diluted(3)	$ (7.56)	$ (4.15)	$ (2.65)
Shares used in computing net loss per share of common stock, basic and diluted(3)	10,331,420	19,929,512	21,066,207
Pro forma net loss per share of common stock, basic and diluted(2)(4) (unaudited)			$
Shares used in computing the pro forma net loss per share of common stock, basic and diluted(2)(4) (unaudited)			

Quelle:
www.sec.gov/Archives/edgar/data/1318605/000119312510068933/ds1a.htm

Literaturverzeichnis

Academic (2010): Wyse, Internetquelle: http://en.academic.ru/dic.nsf/enwiki/241216, [letzte Einsicht: 23.06.2010].

Auto Motor und Sport (2010): Ausnahmegenehmigung nur bis 2015, Online-Artikel vom 22.02.2010, Internetquelle: www.auto-motor-und-sport.de/eco/us-umweltgesetze-porsche-mit-abgasproblem-ausnahmegenehmigung-nur-bis-2015-1756132.html, [letzte Einsicht: 07.07.2010].

AutomotiveWorld (2010): Tesla: a business model for the future?, Online-Artikel vom 01.02.2010, Internetquelle: www.automotiveworld.com/news//80630-tesla-bringing-evs-to-market, [letzte Einsicht: 22.06.2010].

Berliner Morgenpost (2010): Berlin soll Modellstadt für Elektroautos werden, Artikel vom 20.04.2010, Internetquelle: www.morgenpost.de/wirtschaft/article1294908/Berlin-soll-Modellstadt-fuer-Elektroautos-werden.html, [letzte Einsicht: 07.07.2010].

Bloomberg (2010): Tesla Motors Shares Fall Below $17 Offering Price, Online Artikel, Internetquelle: http://www.bloomberg.com/news/2010-07-02/tesla-motors-shares-retreat-trim-first-week-gain-after-ipo.html, [etzte Einsicht: 07.07.2010].

BusinessGreen (2010): Last minute U-turn saves Tesla's electric sports car, Online-Artikel vom 30.05.2010, Internetquelle: www.businessgreen.com/business-green/news/2260483/minute-u-turn-saves-tesla, [letzte Einsicht: 22.06.2010].

BusinessWeek (2007): Tesla: A Carmaker With Silicon Valley Spark, Online-Artikel vom 30.07.2007, Internetquelle: www.businessweek.com/magazine/content/07_31/b4044419.htm?chan=top+news_top+news+index_autos, [letzte Einsicht: 24.06.2010].

Classic Driver (2007): Tesla Roadster, Online-Artikel vom 24.03.2007, Internetquelle: www.classicdriver.com/de/magazine/popup_print.asp?print=true&lPageID=310, [letzte Einsicht: 04.76.2010].

Daimler (2009): Strategische Partnerschaft: Daimler steigt bei Tesla ein, Pressemitteilung vom 19.05.2009, Internetquelle: www.daimler.com/dccom/0-5-7145-49-1208523-1-0-0-0-0-0-8-0-0-0-0-0-0-0.html, [letzte Einsicht: 04.07.2010].

Daimler (2010): Mercedes-Benz SLS AMG E-Cell Prototype First Look, Pressemitteilung vom 22.06.2010, Internetquelle: www.emercedesbenz.com/autos/mercedes-benz/sls-amg/mercedes-benz-sls-amg-e-cell-prototype-first-look/, [letzte Einsicht: 23.06.2010].

Deutsche Bank (2010): Vehicle Electrification - More rapid growth; steeper price declines for batteries, Analyse vom 07.03.2010, Internetquelle: http://gm-volt.com/files/DB_EV_Growth.pdf, [letzte Einsicht: 24.06.2010].

Die Zeit (2007): Der Herausforderer, Artikel vom 22.03.2007, Ausgabe 13, Online verfügbar: http://www.zeit.de/2007/13/Elektroauto, [letzte Einsicht: 07.07.2010].

Die Zeit (2008): Der Herausforderer, Online-Artikel vom 11.08.2008. Internetquelle: www.zeit.de/2007/13/Elektroauto, [letzte Einsicht: 04.07.2010].

DIE ZEIT (2009): Die Mär vom emissionsfreien Fahren, Ausgabe Nr. 39 vom 17.09.2009.

Die Zeit (2009): Zurück in die Zukunft, Ausgabe Nr. 38 vom 10.09.2009, Online verfügbar: www.zeit.de/2009/38/A-Elektroauto, [letzte Einsicht: 24.06.2010].

Earth2tech (2008): Online-Artikel vom 24.01.2008, Internetquelle: http://earth2tech.com/2008/01/24/tesla-ditches-its-two-speed-transmission/, [letzte Einsicht: 26.06.2010].

Earth2tech (2009): For Tesla's Founding Legacy, Look to AC Propulsion, Online-Artikel vom 26.06.2009, Internetquelle: http://earth2tech.com/2009/06/26/for-teslas-founding-legacy-look-to-ac-propulsion/, [letzte Einsicht: 04.07.2010].

Earth2tech (2009): Tesla Founder Marc Tarpenning on How to Start a Car Company, Online-Artikel vom 27.08.2009, Internetquelle: http://earth2tech.com/2009/08/27/tesla-founder-marc-tarpenning-on-how-to-start-a-car-company/, [letzte Einsicht: 23.06.2010].

Earth2Tech (2010): Tesla's Betting the Farm on the Model S, and Other Fun Facts From Its S-1, Online-Artikel vom 29.01.2010, Internetquelle: http://earth2tech.com/2010/01/29/teslas-betting-the-farm-on-the-model-s-and-other-fun-facts-from-its-s-1/, [letzte Einsicht: 19.06.2010].

elektronikJOURNAL (2010): Interview mit Martin Eberhard vom 30.03.2010, Internetquelle: www.all-electronics.de/ae/news/35667-Interview+mit+Martin+Eberhard,+Gr%C3%BCnder+von+Tesla+Motors, [letzte Einsicht: 26.06.2010].

Fichter, K. (2010): Vorlesungsfolien des Moduls "Grundlagen des Innovationsmanagements", WS 2009/2010.

Finanzen.net (2010): Tesla Motors legt erfolgreichen Börsenstart hin, Online Artikel vom 06.07.2010, Internetquelle: www.finanzen.net/analyse/Tesla_Motors_legt_erfolgreichen_Boersenstart_hin-Frankfurter_Boersenbriefe_371269, [letzte Einsicht: 07.07.2010].

Focus (2010): Tesla Roadster läuft 2011 aus, Online-Artikel vom 02.02.2010, Internetquelle: www.focus.de/auto/news/pkw-tesla-roadster-laeuft-2011-aus_aid_476419.html, [letzte Einsicht: 22.06.2010].

Focus (2010): Verbissener Wetterlauf, Artikel in Ausgabe Nr. 12 vom 22.03.2010, Online verfügbar: www.focus.de/magazin/verlagssonderveroeffentlichungen/fahren_mit_strom/foerderung/foerderung-verbissener-wettlauf_aid_490709.html, [letzte Einsicht: 04.07.2010].

Fortune Magazine (2007): 25 Top innovators, Internetquelle: http://money.cnn.com/galleries/2007/fortune/0704/gallery.fortune_innovators.fortune/14.html, [letzte Einsicht: 23.06.2010].

Fueglistaller, U. (2005): Die Rolle des Unternehmers im Innovationsprozess. In: KMU-Magazin (2005), Nr. 6, S. 13-15, St. Gallen.

gizmag (2006): The superb Tesla Roadster EV, Online-Artikel vom 20.06.2006, Internetquelle: www.gizmag.com/go/5898/, [letzte Einsicht: 23.06.2010].

Globe Forum Business Network (2009): Globe Award 2009: Tesla Motors awarded with the Globe Sustainability Innovation Award, Pressemitteilung vom 04.06.2009, Internetquelle: http://92.48.70.30/system/downloads/press_releases/Press_Release_Sust_Innovation.pdf, [letzte Einsicht: 24.06.2010].

Golem (2010): Tesla Motors will 185 Millionen US Dollar einnehmen, Online-Artikel vom 16.06.2010, Internetquelle: www.golem.de/1006/75829.html, [letzte Einsicht: 22.06.2010].

Google Finance (2010): Tesla Motors Inc, Internetquelle: www.google.com/finance?q=NASDAQ%3ATSLA, [letzte Einsicht: 08.07.2010].

Handelsblatt (2010): Die Börse feiert das Elektro-Auto, Artikel vom 30.06.2010, Ausgabe 123.

Handelsblatt (2010): Elektroauto-Pionier Tesla steht am Scheideweg, Online-Artikel vom 24.06.2010, Internetquelle: www.handelsblatt.com/unternehmen/industrie/autobauer-elektroauto-pionier-tesla-steht-am-scheideweg;2606261, [letzte Einsicht: 24.06.2010].

Hauschild, J. / Salomo, S. (2007): Innovationsmanagement, 4. Auflage, München.

Hauschildt, J. (1997): Innovationsmanagement, 2. Aufl., München.

Helmers, E. (2009): Bitte wenden Sie jetzt – Das Auto der Zukunft, Weinheim.

ieee spectrum (2007): Ian Wright: In the Fast Lane, Online-Artikel vom Feburar 2007, Internetquelle: http://spectrum.ieee.org/green-tech/advanced-cars/ian-wright-in-the-fast-lane, [letzte Einsicht: 04.07.2010].

Katz-Hofelich, B. (2010): Erfolgsfaktoren einer Unternehmensgründung, Präsentation vom 28.01.2010, Universität Stuttgart, Online-Verfügbar: www.uni-stuttgart.de/kww/gruendertag/Impressionen2010/Vortraege/sozialer-Prozess.ppt, [letzte Einsicht: 26.06.2010].

Müller-Prothmann, T. / Dörr, N. (2009): Strategien, Methoden und Werkzeuge fuer systematische Innovationsprozesse, München.

Paine, C. (2006): Dokumentarfilm: Who Killed The Electric Car?, Papercut Films, Culver City, CA.

Pleschak, F. / Sabisch, H. (1996): Innovationsmanagement, Stuttgart.

Public Policy Institute of California (2007): Learning from California's Zero-Emission Vehicle Program, Volume 3, Number 4, September 2007, San Francisco, California, Online verfügbar: www.ppic.org/content/pubs/cep/EP_907LBEP.pdf, [letzte Einsicht: 24.06.2010].

Schüppen, M. / Tominski, G. (2003): Der Businessplan – Ein Handbuch zur Erstellung eines Businessplans für Teilnehmer am bwcon:award CyberOne, Online verfügbar: www.gruenderblatt.de/pdf/handbuch-businessplan.pdf, [letzte Einsicht: 23.06.2010].

Schumpeter, J. (1980): Kapitalismus, Sozialismus und Demokratie, München.

Spiegel (2006): Und es hat Zoom gemacht, Online-Artikel vom 24.09.2006, Internetquelle: www.spiegel.de/auto/aktuell/0,1518,436475,00.html, [letzte Einsicht: 04.07.2010].

Spiegel Online (2007): Zu cool, um wahr zu sein, Online-Artikel vom 08.10.2007, Internetquelle: www.spiegel.de/auto/aktuell/0,1518,509531,00.html, [letzte Einsicht: 23.06.2010].

Spiegel Online (2009): Daimler steigt bei Elektroauto-Pionier Tesla ein, Online-Artikel vom 19.05.2009, Internetquelle: www.spiegel.de/auto/aktuell/0,1518,625710,00.html, [letzte Einsicht: 23.06.2010].

Spiegel Online (2010): Toyota steigt bei Tesla ein, Online-Artikel vom 21.05.2010, Internetquelle: www.spiegel.de/auto/aktuell/0,1518,696101,00.html, [letzte Einsicht: 22.06.2010].

Stanford University (2007): Martin Eberhard - Entrepreneurial Thought Leaders Seminar, Internetquelle: http://etl.stanford.edu/handouts/0708_aut/MartinEberhard.pdf, [letzte Einsicht: 23.06.2010].

State of California (2010): Governor Joins Tesla and Toyota Officials to Announce Historic Toyota-Tesla Partnership, Aufzeichnung der Rede vom 20.05.2010, Internetquelle: http://gov.ca.gov/index.php?/speech/15224/, [letzte Einsicht: 19.06.2010].

Süddeutschen Zeitung (2010): Die Hoffnung aus der Dose, Artikel in Ausgabe Nr. 51 vom 05.07.2010.

Süddeutschen Zeitung (2010): Tesla ist der Renner an der Börse, Artikel vom 29.06.2010, Internetquelle: http://newsticker.sueddeutsche.de/list/id/1007794, [letzte Einsicht: 07.07.2010].

Technology Review (2008): 2008 Young Innovator, JB Straubel, Engineering electric sports cars, Online-Artikel des Massachusetts Institute of Technology, Internetquelle: www.techreview.com/TR35/Profile.aspx?TRID=742&Cand=&pg=1, [letzte Einsicht: 04.07.2010].

Tesla Motors (2010): Well-to-Wheel, Internetquelle: www.teslamotors.com/performance/well_to_wheel.php, [letzte Einsicht: 23.06.2010].

Tesla Motors (2006): Tesla Roadster 'Signature One Hundred' Series Sells Out, Pressemitteilung vom 15.08.2006, Internetquelle: www.teslamotors.com/media/press_room.php?id=29, [letzte Einsicht: 23.06.2010].

Tesla Motors (2008): The Future of Cars is Electric, Präsentation vom 08.09.2008, Online verfügbar: www.aae-show.com/Presentations/Brian%20Randall%20Tesla%20presentation%20aae08%20Sept%2008.ppt, [letzte Einsicht: 24.06.2010].

Tesla Motors (2010): About Tesla, Internetquelle: http://www.teslamotors.com/about, [letzte Einsicht: 07.07.2010].

Tesla Motors (2010): Buy – Roadster Sport, Internetquelle: www.teslamotors.com/buy/buyshowroom.php, [letzte Einsicht: 22.06.2010].

Tesla Motors (2010): Tesla Celebrates 1,000th Roadster, Pressemitteilung vom 12.01.2010, Internetquelle: www.teslamotors.com/media/press_room.php?id=2220, [letzte Einsicht: 19.06.2010].

Tesla Motors (2010): Tesla Motors Begins Regular Production of 2008 Tesla Roadster, Pressemitteilung vom 17.03.2010, Internetquelle: www.teslamotors.com/media/press_room.php?id=841, [letzte Einsicht: 19.06.2010].

Tesla Motors (2010): Why the Name "Tesla"?, Internetseite: www.teslamotors.com/learn_more/why_tesla.php, [letzte Einsicht: 23.06.2010].

The Mars Society (2010): About the Mars Society, Internetseite: www.marssociety.org/portal/c/about, [letzte Einsicht: 26.06.2010].

The Register (2010): Tesla Motors: Elon Musk's divorce won't sink us, Online-Artikel vom 04.06.2010, Internetquelle: www.theregister.co.uk/2010/06/04/tesla_sec_filing_n_divorce/, [letzte Einsicht: 26.06.2010].

The Sunday Times (2007): Tesla Roadster - The most fun you can have without fuel, Online Artikel vom 8.7.2007, Internetquelle: www.timesonline.co.uk/tol/driving/new_car_reviews/article2036260.ece, [letzte Einsicht: 19.06.2010].

The Wall Street Journal (2010): Tesla Says There's No Collaboration Agreement With Toyota, Online-Artikel vom 09.06.2010, Internetquelle: http://online.wsj.com/article/SB10001424052748704575304575296821539015304.html?KEYWORDS=tesla, [letzte Einsicht: 23.06.2010].

Time (2008): TIME's Best Inventions of 2008, Internetquelle: www.time.com/time/specials/packages/article/0,28804,1852747_1854195_1854114,00.html#ixzz0rI05poFz, [letzte Einsicht: 19.06.2010].

US Securities and Exchange Commission (2010): Tesla Motors – IPO-Unterlagen, Internetquelle: www.sec.gov/Archives/edgar/data/1318605/000119312510068933/ds1a.htm, [letzte Einsicht: 19.06.2010].

Volkmann, C. / Tokarski, K. (2006): Entrepreneurship – Gründung und Wachstum von jungen Unternhmen, Stuttgart.

Wahren, H.-K. (2004): Erfolgsfaktor Innovation – Ideen systematisch generieren, bewerten und umsetzen, Berlin, Heidelberg.

Welt Online (2010): Noch lange nicht unter Strom, Online Artikel vom 02.02.2010, Internetquelle: www.welt.de/die-welt/wirtschaft/article6214896/Noch-lange-nicht-unter-Strom.html, [letzte Einsicht: 07.07.2010].

Wikipedia (2010): Marc Tarpenning, Internetquelle: http://de.wikipedia.org/wiki/Marc_Tarpenning, [letzte Einsicht: 23.06.2010].

Wikipedia (2010): Tesla Motors - History and financing, Internetquelle: http://en.wikipedia.org/wiki/Tesla_motors, [letzte Einsicht: 04.07.2010].

WIRED (2009): Tesla Fires Back In Eberhard Lawsuit, Online-Artikel vom 30.06.2009, Internetquelle: www.wired.com/autopia/2009/06/tesla-lawsuit/, [letzte Einsicht: 26.06.2010].

Wirtschaftswoche (2006): Kraftstoffe der Zukunft, Ausgabe Nr. 42.

Wirtschaftswoche (2006): Strom statt Benzin, Ausgabe Nr. 25.

Wirtschaftswoche (2008): Pionier Musk und sein größtes Abenteuer, Ausgabe Nr. 44.

Wirtschaftswoche (2009): Formel E. Unter Strom. Warum das Rennen um das Elektroauto die Industrie revolutioniert, Ausgabe Nr. 38.

Wirtschaftswoche (2009): Überraschung als Norm, Ausgabe Nr. 52.

Wirtschaftswoche (2009): Zu verrückt, Ausgabe Nr. 36.

Zeit Online (2009): Solide kauft sexy, Online Artikel vom 20.05.2009, Internetquelle: www.zeit.de/online/2009/22/auto-tesla-daimler, [letzte Einsicht: 07.07.2010].